すべての壁をぶっ壊せ！

Rock'n牧師の丸ごと世界一周

関野和寛

日本キリスト教団出版局

Rock'n《ロッケン》牧師 in タンザニア

Rock'n 牧師と
タンザニアの大地。
奥に見えるピンクは
フラミンゴの大群。

今まさに、マサイボーイと物々交換しているところだ。（70ページへGO！）

ペンダントをくれたマサイボーイ。

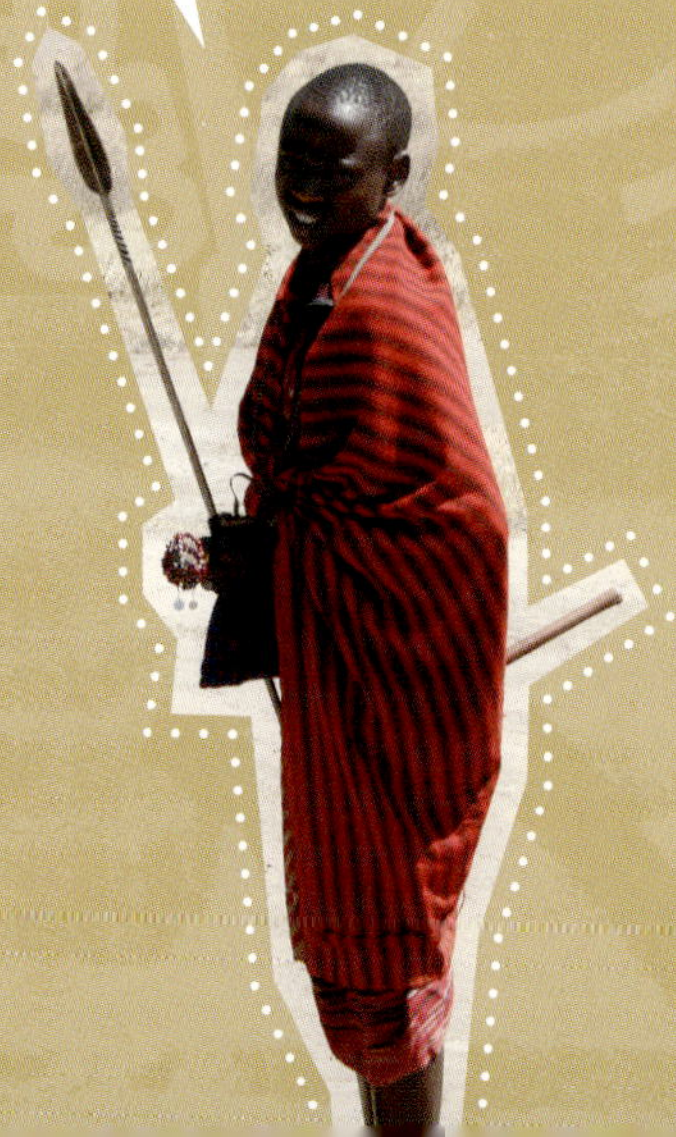

交換してもらったトラの牙のペンダント。

Rock'n《ロッケン》牧師と世界の友だち

イスラエルとパレスチナを
隔てる巨大な壁。
いつの日か、世界中の壁がなくなる
日を目指して！（16ページへGO！）

こいつがあの、スウェーデンで
ケンカしたコンゴ人牧師の
ミッシェルだ！（34ページへGO！）

ブラジルとマダガスカルの仲間たち。

スイスの世界教会
会議のメンバーたち。
18人全員国籍が違う。

スイスから帰国するとき皆が見送ってくれた。
またいつか、どこかで会いたいね！

カンボジアで
花をプレゼントしたセーン。
美しい！（64ページへGO！）

Rock'n《ロッケン》牧師の
自己紹介

新宿歌舞伎町の裏の教会で
牧師をしながら、
牧師だけのバンド
「牧師ROCKS」で
ベース・ヴォーカルとして
ライブ活動をしている。
趣味はキックボクシング。
そして世界中を旅して
日々自分の限界の壁を
破壊し続けている。

壁をぶっ壊す旅に出かけよう

人はなぜ旅に出かけるのだろうか。旅先には無条件のパラダイスが広がっているわけではない。むしろ逆に、そこは自分の常識や言葉が一切通用しない危険な世界かもしれないのだ。

そしてRock'n牧師と行くこの旅は、突如巻き起こるハプニング、見たくない人間の闇の部分、そして己の小ささに直面する数々の出来事の連続だ。だがそれはただのアクシデントではなく、実は自分の常識を壊してくれる世界の現実との出会いである。

日本の常識は世界の非常識と揶揄《やゆ》されるが、きっと俺たちは暗黙に押し込められた狭い常識の中に閉じ込められている。日々過剰なほどに周りとの同一化を求められ、職場、家庭、学校、さまざまな場所で周りに気を遣いまくり、顔色をうかがい、神経をすり減らしている。

そんな日々に疲れ果てたなら、Rock'n牧師と旅に出よう。一緒に迷って一緒に転んで、傷ついて、涙して。そして最後は不自由さのど真ん中にある自由にたどり着いて、思いっきり笑おうぜ！

もくじ

装幀／デザインコンビビア（田島未久歩）

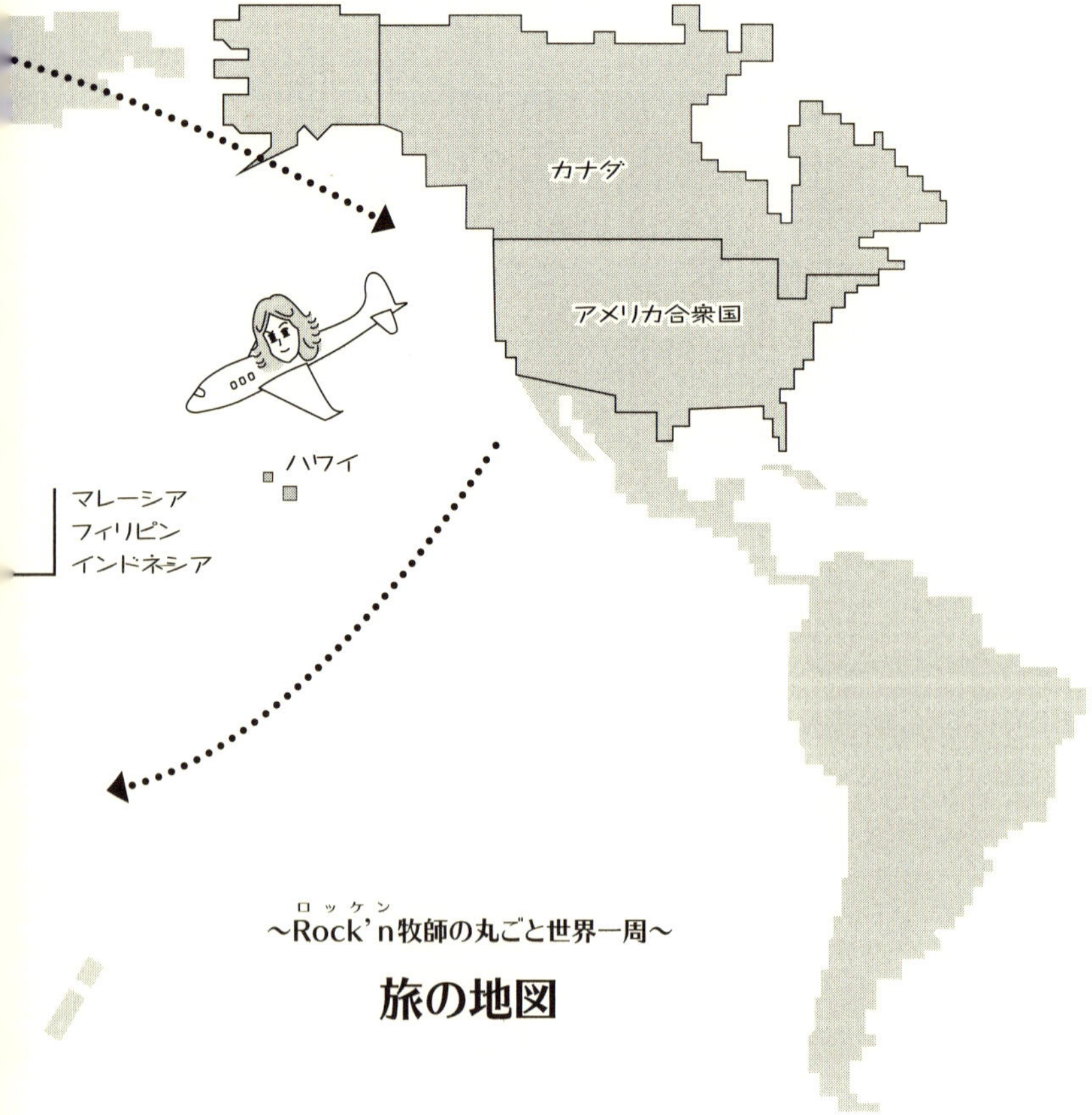

〜Rock'n《ロッケン》牧師の丸ごと世界一周〜

旅の地図

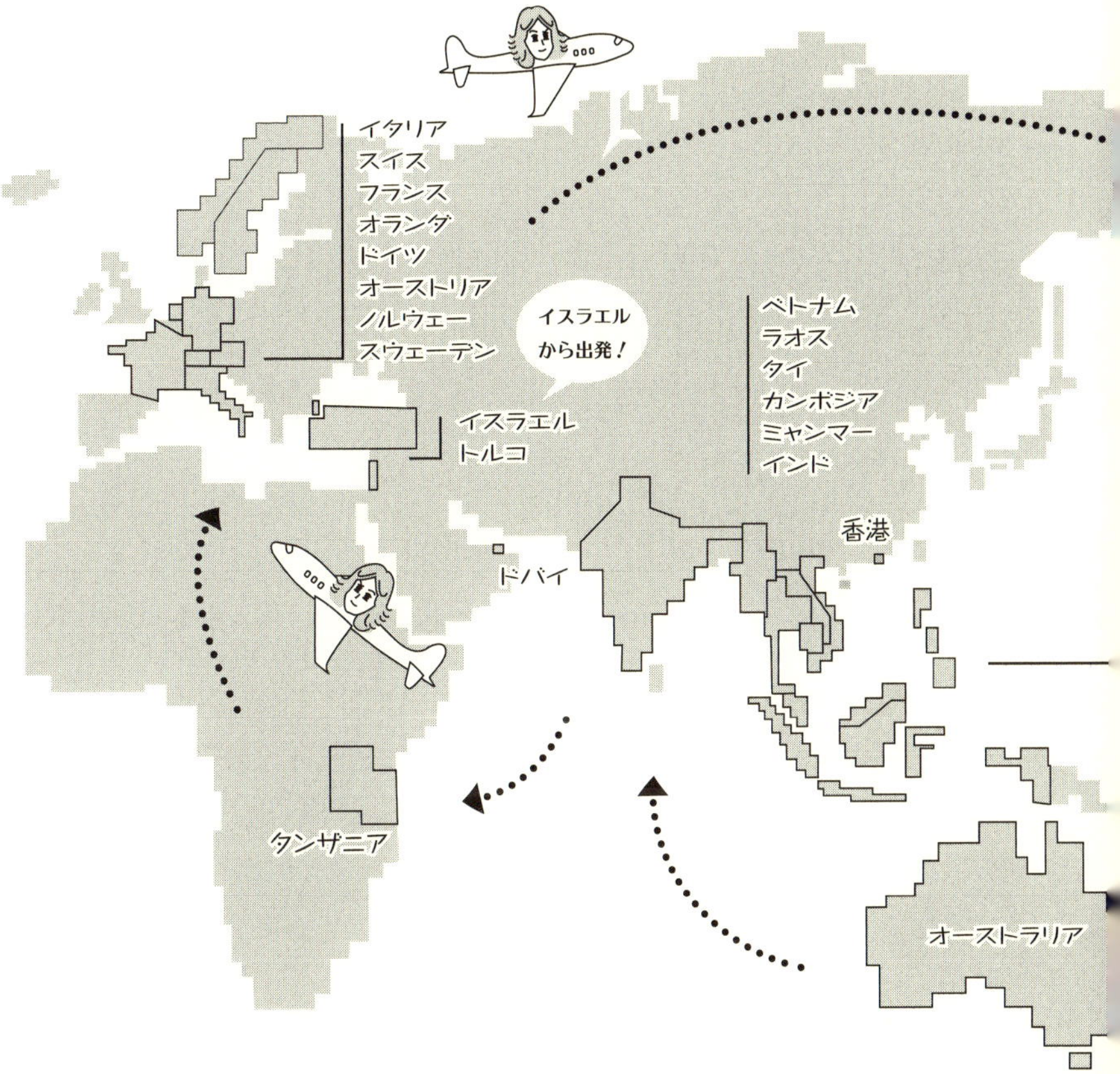
イタリア
スイス
フランス
オランダ
ドイツ
オーストリア
ノルウェー
スウェーデン
イスラエルから出発！
イスラエル
トルコ
ベトナム
ラオス
タイ
カンボジア
ミャンマー
インド
香港
ドバイ
タンザニア
オーストラリア

壁をぶっ壊して世界一のテーブルへ

イスラエル

俺たちは皆、壁に囲まれて生きている。人種や宗教の壁。学校や職場という枠の壁。家族や隣人との壁。人の評価や視線という壁。時に壁や枠組みは大切だ。だが数センチ角のスマホの画面で何かをつぶやくだけでは世界は変わらない。時には痛々しいほどアホになって、目の前の壁を思いっきりぶっ壊すんだ。

2006年、俺は教会の世界会議で初めてイスラエルの地を踏んだ。出席者100名全員でイスラエルとパレスチナを隔てている分離壁に行き、そこで祈りを捧げることになった。壁は自爆テロ防止の名目でイスラエルがパレスチナを取り囲むように設置したもので、高さ約10メートル、全長約500キロの巨大な壁が聖地を分断している。パレスチナの子どもがその壁に触れただけで射殺されたこともあったという。

とにかく100名で分離壁の前に行った。監視塔から兵士のマシンガンが突き出してこちらをのぞいている。俺のちっぽけな心は恐怖で震えた。あの銃口がこちらに向かって火を噴くんじゃないかと本気で思った。俺たちのリーダーが祈り、叫んだ。

「神よ、いつの日かこの巨大な壁をなぎ倒し、世界中の人々が一緒に食事をし、そして礼拝ができるテーブルに作り変えてください！」

今度は心が希望で震えた。祈っても依然、目の前の壁は1メートルも低くなってはいない。だが、俺の中の壁はなくなっていた。変わらないように見える世界、変えられるのは俺とお前の心。さあ、今日1日の壁をぶっ壊そうぜ！

ケバブ屋で突然アルバイト

トルコ

旅行中のトルコのエフェソという街でのことだった。腹が減った俺はケバブ（中東の肉料理）を食べようと、屋台で「チキンケバブ1つください！」と注文した。すると次の瞬間、ケバブ屋のおやじが「お〜、待ってたよ！　早くこい！」と俺を屋台の中に招き入れる。観光地だけあって、おやじは英語で話しかけてくる。そして、「エプロンはここにあるから！　じゃあ、後はよろしく！」と言うと、去って行った。どうやら俺を単発の1日アルバイトの助っ人と勘違いしているようだ。

実は顔が濃い俺、よくトルコ系に間違えられる。今回もおやじが勝手に間違えたのだから、俺には関係ない……。そう思って屋台を放って去ろうと思った次の瞬間、目の前に観光バスが止まった。そして下車した数十人の観光客がケバブ屋台に突撃してくる！　いや、俺は関係ない!!!　と言おうと思ったが、注文が殺到。

ピザ屋でバイト経験のある俺は覚悟を決め、腰にエプロンを巻いた。ピタパンの中に鶏肉と野菜を挟み、ソースをかけ観光客に提供。するとそれを食べた客が「今まで食べたケバブの中で一番うまい！」と絶賛。妙な自信をつけた俺は、次から次へと入るケバブの注文に対応。

そして20個ほどケバブを売ったころ、トルコ人の兄ちゃんが店先に現れた。この屋台で働くことになっていた張本人である。怒りも込み上げてきたが、俺はガタガタ言わず「おー、待ってたよ！　後は頼んだぜ！」と言って、ケバブ屋台を後にした。緊急対応、丁寧な料理作業、そして接客、日本人の「おもてなし」の精神は世界の宝だ。トルコのケバブ屋のおやじ！　今度、バイト代取りに行くぜ！

世界の闇で心を洗え

イタリア

そこはイタリアの大聖堂、荘厳なステンドグラスから光が差し込み、鳴り響くパイプオルガンの音色に訪れる人々の心は洗われていく。だが大聖堂を出ると、赤ちゃんを抱っこした若いお母さんが床に座り込み物乞いをしていた。粗末な衣服をまとい、悲しげに赤子を抱くその姿に多くの観光客がお金を渡している。聖堂内で心洗われたはずの俺だが、疑いの念を抱いてしまった。この親子はどこに寝泊まりしているのだろうか？　帰る家がないとしたら、この赤ちゃんはどうやって生きているのだろうか。

俺は大聖堂前のベンチに座りながら、この親子をずっと見ていた。観光客は次々にお母さんが持っている籠にお札を入れていく。そしてお母さんは10分に一度たまったお札を懐に入れている。相当な額だ。2時間がたち、日が落ち始める時間になった。すると、黒塗りの高級車が大聖堂の前に泊まった。中から黒いダブルジャケットにサングラスをかけた男が降りて来て、お母さんと赤ちゃんを高級車に乗せた！　どうやら地元マフィアが観光客の良心を利用して金を落とさせる詐欺で、親子はマフィアに雇われていたようだ。

黒塗りの車が走り出した。車の中のお母さんと目が合うと、彼女は俺にあっかんべーをした。世界の闇を見たやるせない気持ちと、この親子に帰る家があることの安堵感が入り交じり、俺の心はイタリアの夕日に溶けていく。心洗われるとは心がきれいになることだけではなく、世界の光と闇が交錯する夕焼けを、それでも美しいと想うことではないだろうか。イタリアでキザな伊達男気取りのRock'n 牧師であった。

あんたといる場所こそが天国だ

スイス

スイスでの出来事だった。教会の仕事を終えた俺は3日間ほど延長滞在し、ヨーロッパの最高峰モンブランを巡るツアーへ出かけた。全然ROCKではないが、俺は「アルプスの少女ハイジ」の大ファン。猛々しくものどかな山脈、青草の原っぱ、そこを自由に走り回る山羊たち、そこでパンとチーズなどを頬張るハイジの世界を味わいたかったのである。

だが、そのツアーバスに乗り込む俺を待っていたのは「アルムおんじ」ではなく、「大阪のおっちゃん」だった。俺とそのおっちゃんは旅の道連れとなった。目の前にはアルプスの山々、そして足元を流れる小川、草原を駆け巡る山羊たちもいる。だがその都度、声が聞こえるのだ。「めっちゃええやん！」

有名なピザレストランでも、おっちゃんは「めっちゃうまいやん！」を連発。目の前にある、地元で最高と言われるピザが大阪のお好み焼きにさえ感じられる。かくして、俺が描いていたアルプスは〝大阪のおっちゃん〟に塗り替えられた。アルプスのモンブランが世界最高なのではなく〝大阪のおっちゃん〟こそが世界最強なのだと俺は悟った。「どこに行くか」が大切なのではない。「誰といるか」こそが大切だ。どんな山だって〝大阪のおっちゃん〟といれば六甲山になるし、ハイジやクララといればアルプスになる。

宗教改革者マルチン・ルターは言った。「私は地獄にだって喜んで行く。そこにもキリストはいる。そしてキリストがいる所こそ天国だ！」と。お前は今日どこにいるんだ!?　どこだって構わねえ！　お前の横にキリストが今日もいることを忘れるな！

怒らないで僕のマリア

フランス

多くの人がマリアという名前を聞くと、白いベールに包まれ優しく微笑《ほほえ》む聖母マリアを思い浮かべるかもしれない。フランスのルルドに聖母マリアが現れ、洞窟で泉が湧いてから150年余り。その水を飲んで奇跡によって病を癒やされた人は2000人以上と言われ、その奇跡を求めて今でも年間600万人がルルドを訪れている。

俺もそのマリアの奇跡の現場を見ようと、専属の中年マダムのツアーガイドと共にルルドの泉の洞窟に向かった。しかし、現地に到着した途端、アクシデント発生！なんと入場規制のロープが警備員によって張られてしまったのだ。「バチカンの司祭の巡礼団がやって来ます。本日の入場はこれまでとなります！」　東京からはるばるやってきた巡礼の旅路が断たれてしまう絶体絶命の危機……。

そんな刹那、奇跡は起きた。何とツアーガイドのマダムがひとりの警備員にツカツカと近づいて行き、言い放ったのだ。「あんた近所のハナタレ小僧のポールじゃない！昔あんたのオムツを替えたのはこの私よ！　ロープを上げなさい!!」　マダムガイドは警備員ポールのロープを強引に頭上に上げ、俺たちを泉の方へと通してくれた。

その迫力に驚きながら、マダムツアーガイドの名札に目をやるとなんと「マリア」と書いてある。白いベールもまとっていなければ、優しい微笑みもない、ゴッツイ体、そしてすさまじい剣幕で警備員を怒鳴り、力ずくでロープを上げ俺たち巡礼者を導く、俺たちのマリアだった。奇跡は思ったとおりには起きない、だが奇跡は思いもしない形で起こる。奇跡、それこそがゴッドブレス（神からの祝福）だ！

巨匠レンブラントの「夜警」を守れ

オランダ

俺はオランダのアムステルダム国立美術館にいた。17世紀オランダ黄金時代の代表作、レンブラントの「夜警」を見るためだ。もしこの「夜警」が東京の美術館にやって来たら、何時間もの行列待ちをしなくてはならないだろう。

実は、火縄銃を持った市民自警団が街を行進する迫力に満ちたこの「夜警」はこれまでに3回も観客に傷つけられたという。情緒不安定な男にナイフで切り裂かれたことが2回、酸のようなスプレーをかけられたことが1回。この絵画はその都度、修復を経て生き抜いてきた1枚なのだ。「夜警」の展示ギャラリーに行ってみると、観客はゼロ！　俺と警備員だけだ。しかも80歳ぐらいのその警備員のおじいちゃんは、プールサイドの監視台のような椅子に座ったまま居眠りをしているのだ。何と無防備な！

その刹那、俺の心に悪魔が乗り移った。「おい、触《さわ》るぞレンブラント……」。皮肉にも「夜警」は見る者の暴力性を引き出すのか。「夜警よ、レンブラントよ、今お前を守る奴は誰もいないぞ」。悪魔の引力が働き、俺は「夜警」に向けて1歩近づこうとした。その瞬間、ドサッ！　と居眠りしていた警備員のおじいちゃんが椅子から転げ落ちてきた。俺はおじいちゃんを抱きしめる形で床に着地し、おじいちゃんと抱き合ったまま床を3回転。「おお、ありがとう、助かったよ」とおじいちゃん。

俺がおじいちゃんを助けたのか、俺がレンブラントに助けられたのか、おじいちゃんがレンブラントを守ったのか。ごちゃごちゃ考えるな！　守り、守られ、お前の愛する世界の夜警に出かけるのだ！

世界をつなぐ回転寿司

ドイツ

俺はドイツのシュトゥットガルトに長期出張に来ていた。世界大戦で爆撃を受け、再建された教会堂が平和の大切さを語りかけている。だが毎朝晩の冷たいジャーマンポテト料理に俺の胃袋は疲れ、軽いホームシック。そんなとき、ふと目の前に「回転寿司＆タイレストラン」という看板が。現地の人には和食もタイ料理も大差ないのか。そんなことはどうでもいい、俺は一目散にポリエステルの暖簾《のれん》をくぐると「ニーハオ！」と鉢巻《はちまき》を締めたマレーシア人板前。俺を中国人と思ったようだが、それもまたどうでもいい。

回ってきたサーモンの寿司を一口食べた瞬間、口の中に未体験の東南風が吹き荒れた。シャリはベチョベチョ、しかもタイのナンプラー（魚を発酵させた調味料）が塗ってあったのだ。気を取り直し、かっぱ巻きにかぶりつくと、今度は口内にモンスーンが吹き荒れる。なんとキュウリと一緒にパクチーとレモングラスが入っていた。それでも気を取り直し、吹き荒れた嵐を味噌汁で鎮めようと和風のお椀を手に取ると、中身はタイの伝統スープ、トムヤムクン！　ロックンローラーに言い訳はいらない。俺はその「盃」を飲み干し、店を出た。

俺は今どこにいるのか？　俺は何を食ったのか？　いやそんなことはどうでもいい、俺は世界の中心でただ、飯を食ったのだ。今世界の国々は壁を造り、人種や宗教で人を隔てている。人々はより内向き、排他的になってきている。日本発の回転寿司のレールよ！　世界の壁を貫き、進んで行け！　世界の食材を乗せ、世界の香りをまとい、そして世界中の人々に届いて行け！　あ、でもサビは適度にね！

馬糞クラシック

オーストリア

音楽の都ウィーンに俺はいた。教養がない俺はクラシック音楽に興味がないばかりか、そのハイソさにアレルギー反応を起こしてしまうのである。ましてや教会の世界会議で貧困や正義について話し合うために来ているのだ。そうしたことをこんな優雅なクラシックの街で話し合うこと自体が俺は嫌だった。石畳の広場、そびえる宮殿、優雅に噴き上げる噴水、そしてさっそうと走る馬車、モーツァルト風の衣装をまとった男のバイオリンの演奏……押し寄せるそのクラシックオーラに、俺はやられてしまいそうだった。

だが次の瞬間、馬車の馬が大きな糞を石畳の上にするのを目撃！　それはそれは立派で大きな馬糞だ。匂いも立派なものである。そしてあちらこちらの馬たちも石畳の上に馬糞を積み上げているではないか！　どうやらこの馬糞の匂いはウィーンでは有名なようだ。

俺は馬糞の匂いに救われた。クラシックとロック、先進国と途上国など、勝手にカテゴリーを設けてごちゃごちゃ考えていたことが吹っ飛んだ。馬糞は古《いにしえ》の時代から火を起こす燃料として使われ、田畑の肥料でもあり、傷口に塗る薬でもあった。まさに馬糞こそクラシックであり、そしてその突き抜けた存在感はロックでもある。馬糞が俺に語りかけた。「ごちゃごちゃ考えてんじゃねーよ！　下向いてため息なんてついて俺様を踏むんじゃねえぞ！」と。

世界中の空が変わらずに青いように、馬糞だって普遍的であり、真実を教えてくれる。青空と馬糞との間で we are all ONE！（俺たちはひとつなんだ！）

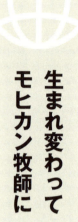

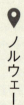

生まれ変わってモヒカン牧師に

ノルウェー

毎年世界教会会議で出会うノルウェー人のヨハンという牧師がいた。風采の上がらない男で、宗教の話しかしない彼を誰もがつまらない男だと言った。だがそんなヨハンにはメアリーというかわいらしい妻がいて、毎年世界会議に連れて来て、手をつないで歩いていた。各国から集まった俺たち牧師の日中の議題は「平和とキリスト教の発展」、そして夜は「なぜ神はヨハンにあんなにかわいいメアリーを与えたのか⁉」ということだった。

だが次の年、ヨハンはひとりで、悲しそうな姿で世界会議に来ていた。なんとメアリーが病死してしまったとのこと。その夜の俺たちの議題は「神はヨハンにあんなにすてきなメアリーを与え、そして奪った。神はいるのだろうか？」であった。

そして翌年、ノルウェーでの世界会議。会場には、居合わせた一同が目を疑うようなヨハンの姿があった。メガネはなくなり、髪型が何とモヒカンに。しかも髪の色は赤だ。そして女性と手をつないでいる！　新しい妻エバで、ツンツン頭に革ジャンのパンクレディーである。彼はパンクレディーと再婚してパンク牧師に生まれ変わったのだ。

何でもメアリーを亡くし引きこもってしまった彼を、教会秘書だったエバが家に見舞ったとき、何とヨハンの家が雪崩に飲み込まれ、2人は3日間家の中に閉じ込められてしまったのだという。絶体絶命の3日間を生き延びた2人は互いを必要だと感じ、一緒になったのだった。その晩、俺たち牧師たちは語りあった。絶望の中に神はいる！　人は変われる！　そして世界にまだ救いはある！

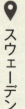

ケンカを止めた人生の初雪

スウェーデン

俺は教会の世界平和活動60周年の集いに参加するため、スウェーデンのルンドにいた。互いに剣を振りかざしてしまったキリスト教国同士が和解一致し、世界の平和のために働いていこうと、教会間の平和活動が第二次世界大戦後にこのルンドで始まったのであった。

だが、その節目を祝う大事な場で、とんだハプニングが起きた。発端は小さなことだった。アフリカのコンゴ人のミッシェル牧師から「平和の街、ルンドで木彫りの十字架を買いたいから、お金を貸してくれ」と言われて貸した10ドルがなかなか返ってこないのだ。アフリカと日本では時間感覚、経済感覚が、やはり違うのだろうか……。

平和祭典の最終日がやってきた。俺はしびれを切らし、「おい、ミッシェル！ 約束の10ドルを早く返せ！」と言った。するとミッシェルは「何を10ドルくらいで焦ってるんだ！」と言い返してくる。俺はカチンときた。気がつくと教会の前で互いに胸ぐらをつかみ合っていた。一触即発の危機だ。

だが次の瞬間、空から白い雪が一片降ってきた。平和の街ルンドでのその年の初雪だった。「この白いのが雪か!?」とミッシェル。生まれて初めて雪を見たミッシェルはうれしくてダンスを踊りだした。そんな彼の姿がうれしくて、気がつけば俺も一緒に踊っていた。「アフリカ人と日本人が雪の下で踊っているんだぜ！」とミッシェルは満面の笑み。そう、それは俺たちの和解の初雪でもあった。

平和と和解の奇跡が、お前らの上にも降り注ぎますように。あ、ミッシェル、やっぱり10ドル待ってるぜ！

Rock'n 牧師 in 香港

7 月刊行予定

VTJ 旧約聖書注解
出エジプト記 19〜40章
鈴木佳秀

伝道のステップ1、2、3
信徒と牧師、力を合わせて
鈴木 光

編集部だより

こころの友
婚活は相手のニーズに応えて

初めてキリスト教に触れる人への伝道新聞

こころの友

■月刊（毎月9日発売）
■タブロイド判
■33円（年間購読料396円）

6月号の連載ラインナップ

◎1面インタビュー
「この人を訪ねて」
婚活は相手のニーズに応えて

婚活アドバイザー
大西明美さん

年間30組を成婚に導く大西さんの人間観察眼は、いじめに遭って友達がいなかった小中学校時代に培われた。苦労を糧にしたアドバイスには説得力がある。

◎聖書おもしろ知識
聖書の中には
数字がい〜っぱい！
みねだ としゆき

◎地域の話題
子ども食堂の輪・和・話！
広瀬香織

◎世俗社会で生きる
ロッケン牧師の歌舞伎町の裏の教会からゴッドブレス！
〜神の祝福をあなたへ〜
関野和寛

◎こころのサプリメント
あなたへの手紙
瀧山喜与実

◎レシピ
キリスト教のお菓子
いかがでしょう
小泉沙智子

◎ぶらっと教会散歩
一度は訪れたい教会@東京
〜創立80年以上の
歴史ある教会を紹介〜
安藤記念教会（港区元麻布）

NTJ 新約聖書注解

ルカ福音書 1章～9章50節

嶺重 淑

日本語で考える聖書学者が日本語で書き下ろすルカ福音書注解、三分冊の第一巻。イエスの誕生から、ガリラヤにおける活動までを描く。原文に忠実な翻訳を掲載して、聖書の本文を丁寧に読み解く。さらに、現代日本に生きる者たちにその箇所が何を語っているかをも思いめぐらす。

●A5判・上製・490頁・5,200円《4月刊》
《シリーズ刊行開始記念》特価4,400円 ＊2018年9月30日まで

井上洋治著作選集10 第2期全5巻《最終回配本》

日本人のためのキリスト教入門 井上洋治著作一覧

山根道公 編・解題　**若松英輔** 解説

慶應義塾大学における講義を『日本人のためのキリスト教入門』として初の単行本化。日本人に響く言葉でキリスト教をわかりやすく解説する。さらには、「井上洋治著作一覧」、高橋たか子氏のエッセイ、佐藤優氏の書き下ろしエッセイも併せて収録。充実した一冊。

●A5判・上製・252頁・2,500円《4月刊》

エレミヤ書における罪責・復讐・赦免

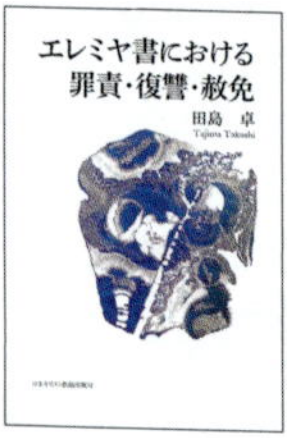

田島 卓

倫理と宗教、「普遍」を標榜する両者が相剋するテロリズムの時代、宗教と倫理の調和をどのような仕方で求めることができるのか。「応報」「悔い改めと赦し」について、エレミヤ書の編集過程における思想的発展を中心に、古代ギリシア思想から現代哲学まで含め考究する。

●A5判・上製・328頁・3,400円《4月刊》

説教黙想 アレテイア 合本

ローマの信徒への手紙

最新刊！

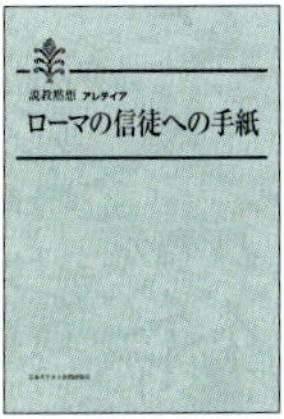

季刊『説教黙想 アレテイア』87～91号（主に2015年発行）に連載された、連続講解説教黙想の合本。幅広く定評ある執筆陣による丁寧な文章を通して、パウロ神学の根幹とも言えるローマ書から、聖書のみ言葉の真理を導き出す。牧師・伝道師・神学生必携の書。　●B5判・並製・392頁・4,500円《6月刊》

【シリーズ発売中】

『マルコ福音書』6,800円／『ルカ福音書1―11章』6,000円／『ルカ福音書12―24章』5,600円／『コリントの信徒への手紙二』3,600円／『エフェソ、フィリピ、コロサイ、フィレモン』4,200円／『ヘブライ人への手紙』3,300円

シリーズ和解の神学 全3巻《第1回配本》

暴力の世界で柔和に生きる

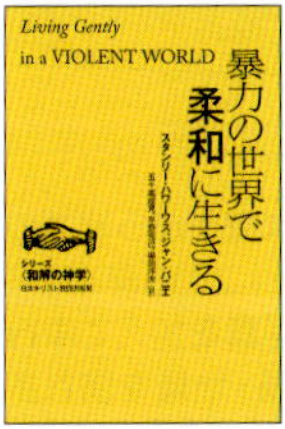

スタンリー・ハワーワス／ジャン・バニエ

五十嵐成見／平野克己／柳田洋夫 訳

この世界は「秩序」という名の美しい毛皮をかぶった暴力を用いながら、人々を支配し、あるいは排除しようとしている。知的障がい者と共に生きる共同体「ラルシュ」の創設者バニエと、現代アメリカを代表する倫理学者ハワーワスが、「新しい生き方」を問い、教会の意味を明らかにする。

●四六判・並製・152頁・1,600円《5月刊》

オリゲネス イザヤ書説教

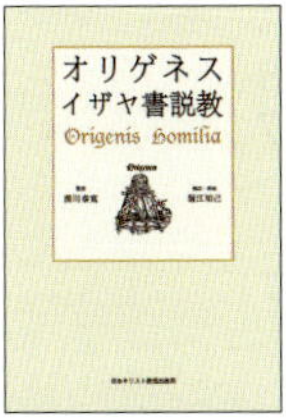

関川泰寛 監修　堀江知己 翻訳・解説

3世紀に生きた、古代教会の最大の神学者オリゲネス。常にキリストを念頭に置いてイザヤ書を読み解き、語った、彼の説教は、現代の説教にない「力」を持っている。オリゲネスの生涯、その神学や聖書解釈についての、丁寧な解説も付す。旧新約聖書を貫く「救いのイメージ」を生き生きと伝える。

●A5判・上製・216頁・2,500円《5月刊》

六丸(居食屋)日本料理
旺角通菜街75-77號地下
Tel : 3105 0006
六丸の午餐
珍寶
帶子壽司
$35

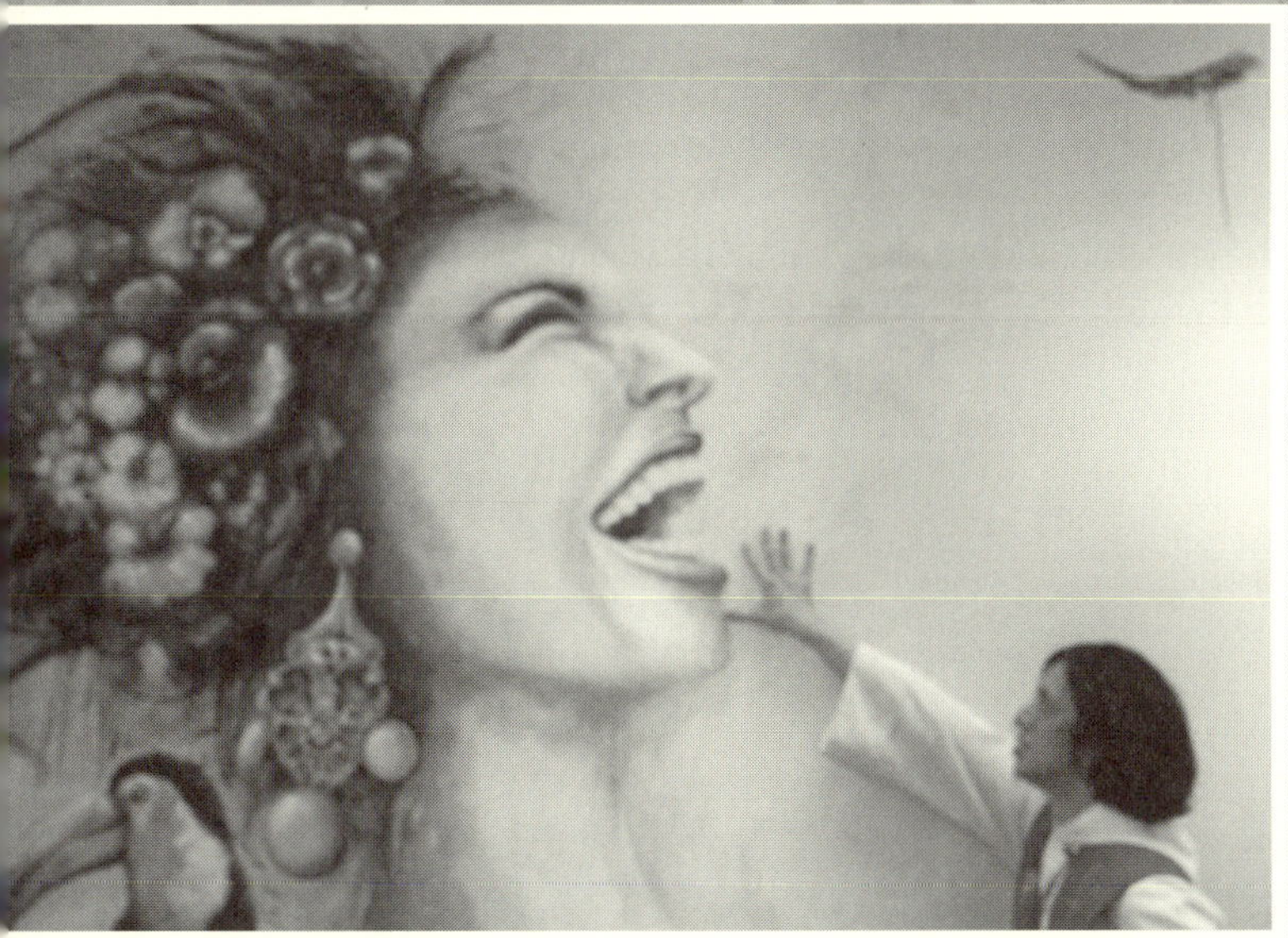

国境なきゴッドブレス

アメリカ合衆国

Rock'n 牧師の世界旅行、太平洋を越え、アメリカ大陸に突入！　飛来したのはアメリカ、ロサンゼルス空港。が、俺はさっそく取り調べ室に連行されてしまった。テロ対策、移民問題、不法滞在者問題、ロスの入管窓口は世界でも有数の厳しさと言われる。革ジャンに長髪の風貌が原因だろうと、あまり深刻にならずにいた俺だが、取り調べ室では威圧的な調査官がヒスパニック系の男性に怒鳴るように問いただしている。「お前の職業は何だ!?　何でアメリカに来たんだ!?」　隣のブースでは、ビザの不備で強制送還を命じられたヨーロッパのお姉さんが大粒の涙を流している。俺も若干焦ってきた。

目の前で行われる拷問のような取り調べを見守ること1時間、とうとう俺の番がやってきた。神に祈りを捧げ、堂々と、そしてロッカーらしく受け答える作戦で挑む。「お前の職業は何だ⁉」「俺は牧師だ‼」「何でお前はアメリカに来たんだ⁉」「なぜアメリカに来たかって⁉ それはお前を祝福するためだよ！」 次の瞬間、ガシャン！と大きな音が鳴り、俺のパスポートに入国OKのスタンプが押された。

すると、鬼のような形相だった調査官が白い歯を見せて微笑《ほほえ》んで言った。「了解！旅の安全を祈る」。俺は彼に「国境は人が引いたものだぜ、俺とお前が今日出会ったこの場が世界の中心だぜ！」と告げる。格差や国境、縦横斜めに張り巡らされた柵を超えて俺が言ってやる。「お前らは神の国に招かれる神の子だぜ！」

さあ、「Rock'n 牧師の丸ごと世界一周」、まだまだ行くぜ！ お前ら、ついてこいよ！

ワイルドベアーの教え

カナダ

16歳の夏、俺はカナダのブリティッシュコロンビアで行われた教会の中高生キャンプに参加した。電気、ガス、水道のない完全な山奥にカヌーと食料だけを持って行き、2週間生活するというプログラムだ。しかも、野生のクマが時折出現するという場所だった。事前にクマから身を守るための講習を受けた。今考えるとヤバいキャンプだ。だが温室育ちの俺は、まさか自分がクマに遭遇するとはこれっぽっちも思っていなかった。

だがキャンプ中のある日、俺がアメリカ人の高校生アレックスと山道を歩いているとき、ふと振り返ると黒い塊がゆっくりと俺たちの後をついてきている！　講習のビデオで見たあのワイルドベアーだ！　しかも超デカい!!　習ったことを思い出す。「決して走ってはいけない！　クマは興奮して襲ってくるから！」　だがあまりの恐怖に2人とも小走りになり、クマもスピードを上げて追いかけてくる。心臓の脈拍はマックス、そして恐怖の中で自分の母を思い出す。人間、死の前には母を思い出すというが、本当だと高校生ながら悟る。

そして次の瞬間俺は思った。「俺の横にいるアレックスは太っている！　クマはまず彼を食べるだろう。その隙《すき》に俺は逃げよう!!」　16歳の命がけの選択だ。キリストの十字架にみる自己犠牲、そして隣人愛を学ぶためのキャンプだったはずだ。だが、俺は学んだ。人は自分がかわいくてたまらないのだと。逃げる途中で仲間たちと奇跡的に合流。大人数を恐れたクマは逃げていった。自分の小ささと、人のために命を捨てたキリストの大きさを、クマから教えられた16歳の夏だった。

〝激走〟ホノルルマラソン 42・195キロ

ハワイ

俺は大きな失恋の悲しみを振り切るために走っていた。小さな自分を乗り越えるために ハワイでホノルルマラソン42・195キロを走っていた。最初の10キロは世界中のランナーたちと爽快に。20キロ地点、かなりの疲労が襲ってくるが、前方に見えるダイヤモンドヘッドの丘を照らす朝日を希望に足を前に進める。30キロ、体の節々が痛みで悲鳴を上げだす。首から下げた十字架でさえ凶器の振子となり、首元からは血が流れ始める。突如なぜか、ゴールに別れた恋人が俺を待っているのではないか?そんな想いに駆られ、最後の力を振り絞って残りの5キロを疾走する。

目の見えない人が伴走者と共に走る姿、一緒にゴールを目指す親子、80歳近いだろうと思われる高齢者、誰もがそれぞれのゴールを目指し走っている。マラソンは人生だと言われるがまさにそうだ。そんな人間模様に嗚咽《おえつ》するほど涙が流れる。そしてゴールにはもう一度会いたい恋人がいるはずだ、そう信じて走り続け、何とかゴールイン！

当然、元恋人が遠いハワイで待っているはずなどない。けれども不思議と心には静かな喜びが沸き上がってきた。現実を受け止め、それでも自分の限界を超えるゴールにたどり着けたからだ。

そんな哀愁に浸っていると、横から大柄な日系人のおばあちゃんが「ケニー！　頑張ったわね！　ん～ぶちゅ！」と抱きついてきて頬に特大のキスをしてくる！　どうやら自分の孫と俺を勘違いしているようだ。俺はこのさらなる現実を受け止めた。そして、おばあちゃんのキスさえ受け止めた。俺はまたひとつ強くなった。

オージービーフより
オージービーフン！

オーストラリア

高校時代のこと、俺は某新聞社の高校生英語エッセイコンテストで受賞し、他の受賞者9名とオーストラリア短期留学に出かけた。まず、ホームステイ先の家族との初顔合わせの食事会が行われた。いかにもオーストラリア人！　というようなオージーファミリーが仲間たちに次々に紹介される。最後は俺の番だ。驚いたことに俺のホストファミリーは中国人一家だった。俺は一瞬パニックになった。ここはオーストラリアでは？　なぜ中国人のファミリーが!?

家に着くと、外観も内装も中国そのものだ。このタン一家は両親に俺と同じ年のワ、妹のフォン、そしておじいちゃんおばあちゃんの6人家族だ。英語を話せるのはワとフォンだけ。中国での生活が長い両親と祖父母は英語が話せず、子どもたちが対外的なことをすべて英語で行っていた。

おじいちゃんは昔、日本兵を相手に戦争を体験している。そして時を経て敵国であった日本の高校生を受け入れてくれているのだ。朝食はいつもこのおじいちゃんが作ってくれるおいしいビーフンだった。時と共に俺はタンファミリーが好きになった。俺は英語を学ぶよりも大切なことを学んだのだ。実はオーストラリアは移民大国なのである。

やがてホームステイが終わり、10人の高校生と10家族が集まりお別れパーティーが行われた。唯一中国人ファミリーの家にステイした俺に他の9人が聞いてきた。「あの家で毎日何食べてたの〜?」　俺は一呼吸おいて、腹の底から答えた。「俺は毎日、おじいちゃんが作ってくれたオージービーフンを食べてたんだ！　うらやましいだろ！」と。

"God Bless" is Priceless!

インドネシア

インドネシアの秘境の寺院を訪ねたときのこと。そびえる山から滝の音が響き、野鳥の鳴き声がこだまする境内に足を踏み入れる。すると、「やあ！　私はこの寺院のガイドだ。君を案内しよう！」と男が満面の笑みで近づいてくる。観光地で勝手にガイドして、最後に金を請求してくるのは奴らの常套《じょうとう》手段。俺は無敵のシカトを決め込む。

境内の奥には大きな神木があり、その前で香が焚《た》かれていた。息を飲むほどの存在感に思わず足が止まる。勝手についてきたガイドも立ち止まり、「目を閉じてくれ、この神木のエネルギーが君に注がれるように祈ろう」と言ってくる。思わぬ申し出に目を閉じると、ガイドは俺の仕事、家族、将来への祝福を祈ってくれている。そして最後に祝福の印として、俺の手首にひもを巻き付けてきた。

「祝福された者よ、さあ目を開けて！」　促されて目を開けると、そこにはノートが開かれていて、祝福の祈りを受けた者たちの名前と出身国、そしてお布施額が書いてあるではないか！　日本円にして数千円、中には5万円近く払っている者もいる。凡人であれば仕方なく1000円くらいを払いその場を切り抜けるのだろうが、俺はそうではない。

「ガイドさん、祝福の祈りをありがとう！　実は俺は宗教者なんだ。今度は俺が君のために祈りたい。さあ、目を閉じて」とガイドのために祈り返す。そして手首に巻かれたひもを巻き返し「さあ、目を開けて」と伝える。そしてノートに"God Bless" is Priceless！（神の祝福は値が付けられないくらい高価なものだよ）と記し、笑顔でその場を立ち去った。毒には毒、祝福には祝福をもって世界を制せよ！

怒りと涙と沈黙と

マレーシア

俺はマレーシアのキリスト教系福祉団体に研修に来ていた。多民族国家のマレーシアでは国の福祉体制がまだ弱く、さまざまな民間団体が奮闘している。研修施設に着くと薬物依存者たちが列をなしていたが、俺は驚愕の現実に目を疑った。何と列の先のカウンターでは、無料で注射針を配布しているのである。

ドラッグの注射針の使い回しによりHIV感染が広まる可能性があるため、「薬物をやるな！」という一辺倒の指導はしない。やめたくてもやめられない負のスパイラルで苦しんでいることを知っているからだ。だから、やるならば注射針を替えて少しでも自分や周りの人への被害（感染リスク）を減らせというのがハームリダクションである。

それを見ていた研修仲間のインド人ソロモンが声を荒げて怒りだした。「何てことをしているんだ！」と。それを聞いた同じく研修生でフィンランド人のミーアが「仕方がないのよ！　これが現実で、少しでも社会を良くしようとしているのよ！」と反論。ソロモンが「こんなのは悪魔の手助けだ！」と叫べば、ミーアはその場で泣き出してしまう。そしてソロモンは「お前はどう思う？」と俺に問いかけてくる。

俺は黙っていた。ずるいかもしれないが、黙っていた。理由は3つある。ソロモン、ミーア同じ仲間のどちらの肩も持ちたくない。そして、どちらの意見もわかる。さらには究極的には、こうした人間のいのちの問題には1つの答えなどないと思ったからだ。本当に生きるとは、迷い続けて、迷い続けて、それでも前に進むことなのではないだろうか。ソロモンの怒りも、ミーアの涙もいのちに本気の証拠だった。

マニラで出会った俺のチャンピオン

フィリピン

それは仕事で出かけたフィリピンのマニラで、日がな教会の番をしていたときのことだ。４人組の男がいきなりやってきて、「牧師さん祈ってほしい」と言う。話を聞くと、図体の大きい中年男３人に囲まれているきゃしゃな小柄の若者が明日ボクシングの試合だという。東京でキックボクシングジムに通っている俺は「お前、鍛えてるか⁉」とあいさつ代わりに腹筋を拳でコツコツとたたいた。「はい、今日まで頑張って鍛えてきました。けれども怖いんです」と若者は言う。

俺は若者の肩を抱き、神に祈りを捧げた。「神よ、この若者は今日まで毎日必死にトレーニングをしてきました。そして明日リングに立ちます。神よ、その闘いをあなたが守り、どうぞ勝利を与えてください！」　まさに映画『ロッキー』のワンシーンのようだった。

次の日の夜、宿泊先のホテルでテレビをつけた俺は目を疑った。なんと昨日共に祈った若者がそこにいる！　実は彼はＷＢＣランク２位の選手だったのだ！　さらに驚くことに、その試合は世界チャンピオンを決めるタイトルマッチだった！　昨日俺は世界ランカーの選手のおなかを「お前鍛えてるか⁉」などと言ってたたいてしまっていたのだ。ゴングが鳴った。一進一退の攻防が続いたが、僅差の判定で彼は負けてしまった。悔しかったが、勝敗は二の次だった。己の弱さと向き合い、それを神に委ねてきた彼は、勝っても負けても俺のチャンピオンだ！

お前らも今日、それぞれのリングで闘っているはずだ。恐れがあること、不安があることは悪いことじゃない。ただ、それを隠さず、神に委ね、今日も闘おう！

狂犬病ワクチンの祝福

香港

東南アジアで気をつけなくてはいけない病の1つは狂犬病である。狂犬病の犬にかまれたら、致死率はほぼ100%。水を見るのが怖くなり、精神が錯乱し、最期は昏睡状態に陥って死んでいくのだという。

香港での研修最終日、俺は炭鉱の山の上の教会の礼拝に出席していた。「神があなたの行く道を祝福し、守られます。安心して行きましょう。アーメン」。礼拝の最後に牧師からそんな祝福を受け、一歩外に出た瞬間、俺はうなり声を上げながら走ってきた野犬にふくらはぎをカプっ！とかまれた。「この犬が狂犬病だったらどうしよう！

すぐにワクチンを注射しなくてはいけない……。でも飛行機に乗る時間まであと数時間……」。頭の中が真っ白になった。だが、俺は場を和ませるために、心配する牧師に冗談を言った。「あなたの祝福が俺にだけ届かなかったみたいだよ」。

すぐに病院に駆けつけたが、待合室には8時間待ちの表示。だが命には代えられない。飛行機を諦めようとした次の瞬間「ミスターセキノ！　カムイン！」と処置室に通される。美人看護師の前でカッコ悪くズボンを下ろさなくてはならなかったものの、すぐに救いのワクチンを打ってもらえた。なんと俺を病院に連れて行ってくれた教会員はこの病院の副院長で、先に電話で「今から連れて行く者にすぐにワクチンを打ってくれ」と言っていてくれていたのだ。

俺は山上での牧師の祝福を思い出した。神の祝福とはトラブルをすべて回避できるというお守りではない。そうではなく、どんなトラブルが起きても、神がそこに共に居るという約束なのだ。

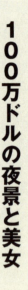

100万ドルの夜景と美女

香港

100万ドルの夜景がまばゆい香港の夜だった。研修のため短期滞在していた俺は友人に誘われ、アジアでビジネスを成功させている人々の食事会に招かれた。そこで出会ったのはアミーという香港の超絶美女。華やかなパーティードレスに身を包む彼女は年商3億円、3000万円のスポーツカーに乗り、100万ドルの夜景が見える高層マンションに住んでいる。だが彼女には深刻な悩みがある。パーフェクトすぎて、男が誰も近づけず、ボーイフレンドがずっといないというのだ。

友人がアミーに俺を紹介した。「関野はね、ラジオやテレビなどでも紹介される著名な宗教者でロッカーなの！」　確かに話を盛りまくって端折《はしょ》ればそうかもしれないが、俺は洗いざらしの服にボサボサの長髪で、ポケットには100香港ドル（約1500円）しかない！　だが、動揺しないフリが得意な俺。「今日は君と食事できてうれしいよ！」とB級ムービーのようなセリフと笑顔で応対。だが心の中はバクバクだ！　すると彼女は俺にささやいた。「ねえ、明日空いている？　ドライブに行かない？」。脂汗が出てきた。彼女のスポーツカーに乗ったら、全てを失う気がした。俺は「ごめんアミー、俺にはカミさん（妻）とカミさま（神さま）がいるんだ」と答えて、別れた。アミーの横顔は寂しそうだった。

ヘタレなのにロックだ！と粋がっている俺だって寂しい存在だ。誰だって寂しい。キリストだって弟子たちに裏切られ寂しく死んでいった。だからこそ、俺たちの悲しみがわかる。そんなキリストが必要だ。100万ドルの夜景をはるかに超える光、それがキリストだ。

二〇十八
13/01/18
黑社會

Rock'n 牧師 in 香港

お前たちは天才だ！

ベトナム

ある国際会議に出席するためベトナムのホーチミンに行った際、ベトナム戦争の資料館に足を運んだ。そこで直視できなかったのは、アメリカ軍によって撒《ま》かれた枯葉剤の攻撃を母胎で受け、生まれてすぐに命を落とした奇形の赤子のホルマリン漬けだ。資料館の外では、枯葉剤の被害を受けているため目がない者、腕が3本ある者たちが生活の糧に投げ銭を得ようと楽器を奏でていた。戦争はその時代の人々だけでなく、その後に生まれてくる命にまで襲いかかる。

郊外のジャングル、クチは戦跡で、ゲリラが掘った落とし穴がある。その中には兵士を串刺しにする1メートルほどの槍が四方八方に。ナパーム弾の焦げ跡もいまだに残る。悪魔が支配した場所だ。人間は敵に憎しみを抱くとき驚異的な残虐性を発揮する。このように時に悪の天才になる人間だが、時には愛する天才になれるのも人間だ。俺たちの歴史の中には、天才的愛を発揮した無欲の人々がたくさんいる。インド・コルカタの道に捨てられている瀕死の人々を引き取り最期まで看取ったマザー・テレサがいるし、非暴力主義を貫いたマハトマ・ガンジーもいる。地獄のようなアウシュビッツ強制収容所で家族がいる男の身代わりになって餓死室に入ったコルベ神父もいる。

しかし、彼らにも最初から大きな勇気と強い愛があったわけではない。不安と弱さを握りしめながら一歩を踏み出した愛の天才たちだ。戦争の爪痕は何十年も癒えることはない。だが天才的な愛の香りも消えることはない。今日、俺たちは「愛する天才」になろう！

バンコク激突タクシー

タイ

仕事で訪れた灼熱《しゃくねつ》のバンコク。キキィー！　ドガッン！　乗っていたタクシーが後ろから走って来た乗用車に激突された！　一瞬体が浮いた。運転手は俺を案ずることなく「車から降りろ！」と一蹴。しぶしぶ降りようとすると「金を払ってから降りろ！」　なんてことだ！　俺は得意の値切り交渉に入った。「目的地に着いてないから半額にしろ！」だが、その会話中も料金メーターが回っているではないか！　すかさず俺は「おい、まずメーターを止めてくれ！」　するとドライバーは俺にこう言い放った。「マイペンライ！」　その意味は「気にするな」だ。

タイでは、この言葉が伝家の宝刀のようなものであるらしい。レストランで注文したものと違うものが来てもウェイトレスは「マイペンライ！」　貸したデジタルカメラが壊れてしまっても「マイペンライ！」　いや、少しは気にしてくれ！　世界秩序が崩れてしまう！

だが俺は悟った。日本人が異常なまでに細かいことを気にしすぎるのだ。電車が3分遅れては「大変申し訳ありません」、レストランで髪の毛が入っていれば「大変申し訳ありません、すぐに作り直します」。施設や学校、教会でもその対応が気に入らなければ「上の者を呼んでこい！」と叫ぶモンスターが増殖。進化しきったエコノミックアニマルは今、ガラパゴスモンスターへと退化しつつある。

そんなガラパゴスモンスターへ奇跡の言葉「マイペンライ」。それは、今日があり、今を生きていることを最大限に楽しめ！　それ以外は気にするなという最高のメッセージなのである。お前の今日に「マイペンライ！」

君はどうしてトライリンガル？

ラオス

親友のカンボジア人牧師のディラと共に俺はラオスの教会を訪ねていた。そこで迎えてくれたラオス人の若者とディラが突如タイ語で話し始めた。驚く俺にディラは「この地域のラオス人はタイ語も話すんだよ」と教えてくれた。「え、でも君はカンボジア人なのに何でタイ語ができるの?」と聞くと、ディラは自分の生い立ちを話してくれた。俺より1歳年上のディラが生まれたころ、カンボジアではポル・ポト政権下で大虐殺が行われていた。幼かったディラはその後、家族と共にタイ国境に逃れ、そこの難民キャンプで10年あまり生活した。そこでタイ語、英語を学び、そしてキリスト教宣教師との出会いによってキリスト教を信じるようになったのだという。

彼は少し微笑《ほほえ》んで言った。「俺は難民だったからさ、困っている人を助けたいんだよ」。ディラがとても温かく、大きく見えた。彼と家族が味わってきた恐怖と苦しみは計り知れない。難民キャンプでの生活だって決して楽なはずはなく、最悪なことだって多々あったはずだ。けれども、そんな苦境でディラは3つの言葉を操れる者となり、神と出会い、そして人を助ける牧師になったのだ。ディラと同じ経験ではないが、俺もそうだった。家族が死に直面する中で牧師に助けられ、今度は俺が同じような状況の人を助けたいと願い、牧師になった。

カンボジア人のディラがラオスで貧窮している人々をタイ語で助けている。語学力や職能がある者だけが国際人になるのではない。大きな苦しみから立ち上がり、それでも光を求めて立ち上がる者が国籍、言葉、国境、そしてすべての壁を越えていくのではないだろうか。

何も無いけど全て持っている

カンボジア

「何も持っていないし、何もできないけれど……」。日本でよく聞く、謙遜《けんそん》とも思える言葉。だが、実は傲慢《ごうまん》ではなかろうか。2013年、俺は教会の大学生たちを連れてカンボジアの田舎の小学校を補修する、ボランティアワークに出かけた。その村には電気ガス水道などのインフラは皆無だった。働き始めて数日後、村の若者の漁師セーンがワークを手伝いに来た。そして女子大生の薫子に恋をしてしまったのだ。何とかコミュニケーションを取ろうとするセーン。薫子もカンボジア語日常会話本を見せて話しかけるが、学校を出ていない彼は読み書きができず、伝わらない。それでも共に汗を流し、微笑《ほほえ》み合えば心は通じていくものだ。

しかし、無情にも別れの日がやってきた。薫子は腕に着けるミサンガをひもで編み、セーンにプレゼントした。それを受け取った彼は喜ぶかと思いきや、少し悲しそうな顔をして森に走り去って行ってしまった。別れが悲しすぎたのだろうかと思ったそのとき、セーンが花を一輪持って戻って来た。「ボクには何もあげられるものが無いけど、この花を！」　……美しすぎた。本当に彼は何も「物」を持っていないのだ。でも村で一番きれいな花を摘んできた。なぜか薫子を抜かして、俺が泣きながらセーンを抱きしめてしまった。

「何も無いけど」というのはこういうときに使うのだ！　おい、お前たちは何か持ってるだろ、何かできるだろう！　いつか本当に何も無くなり、何もできなくなるときも来るだろう。でもそのときにこそ、こうやって本当に「持っているもの」を全て人に差し出せるはずだ。

頬白三角形美女の微笑み

ミャンマー

世界各国に出向く中で、その国の教会を見ることはとても大切だ。加えて、世界中の美女を見ることもそれと同じくらい重要である。各国には日本人のそれとは違う美女がいる。

2013年、俺はミャンマーの街を歩いていた。自由化と共に急成長のミャンマーに異変が⁉　歩いても歩いても美女がいないのだ！　教会はあるし、アウン・サン・スー・チーのTシャツも買えた。でもどこを探しても美女がいない！　だがよく見てみると美女がいないのではない。女性たちが皆、頬《ほ》っぺたに白い泥のようなものを塗りたくっているのだ。何でもそれは日焼け止めらしい。日差しの強いミャンマーでは、女性はタナカという木をすりつぶして粉にしたものを頰《ほお》や額に塗る。頰に大きく三角形に塗るのがおしゃれだそうだが、全然かわいくない！　日本にかつて、女性の装いの1つとしてお歯黒があったが、それと同じくらいこの頰白三角形女子たちは俺にとっては衝撃的だった。

だが次の瞬間思った。彼女たちの顔が俺の目には異様に映っているように、日本の女子たちも外国人の目から見れば異様なのではと。つけまつげお化け娘に、ブラックアイシャドーデビルウーマン、ファンデーション粉吹撫子《こなふきなでしこ》（どれも俺の造語だ！）。美的感覚は人それぞれだから、善し悪しはないが……。そんなことを考えていると、頰白三角形女子がすれ違いざまに俺にわずかに微笑《ほほえ》んだ（気がした！）。そして、なぜか不思議とその微笑みを美しいと感じてしまった。心を打ち抜かれた。心の色眼鏡がミャンマーの道端に落ちた。俺の心の自由化の始まりである。

ガンジス河でチーズバーガー

インド

　ヒンドゥー教の聖地、インドのベナレスにはすべてのいのち、そして死さえも包み込むと言われる神聖なるガンジス河が流れている。その上流には火葬場があり、灰は河に流される。下流では人々が歯磨きや洗濯物や沐浴《もくよく》をしている。きれいとか汚いとかで測る世界ではない。旅する俺はその河岸を目指していた。

　雑踏の中を歩いていると「兄ちゃん、マッサージ、30ルピー（約60円）でどうだい？」とインド人のおじさん。指示されるままに道にうつ伏せになった瞬間、背中にこれまで味わったことのない感触が。振り向くと、何と3人のおやじの6つの手、30

本の指が！　そして終わると、３人分の金を請求された。２人分まで値切ったが、逆に肩が凝った。

日が暮れその日はガンジス河にたどり着けず、安宿にチェックイン。屋上のぼろいレストランに入った。ハンバーガーかチーズバーガーか迷ったが、奮発してチーズ入りにした。だが、注文したバーガーにはチーズが入っていない！　店員に「チーズがないよ！」と言うも無視される。旅の疲れと悔しさがどっと出た。仕方なく羊肉バーガーをガブリと一口。ジュワーとあふれる羊の肉汁。

子羊は人の身代わりになって死んだキリストのシンボルでもある。口の中からその子羊キリストの声が聞こえてきた。「チーズはなくてもいいじゃないか。わたしはいつもお前と一緒にいるよ」と。ふと目を上げると目の前をガンジス河が大きく静かに流れていた。口の中にチーズの味が広がっていった。目の前にあるものを的確に見る目と、見えないものを感じる心の目が開けた夜だった。

マサイ族 VS. Rock'n 牧師

タンザニア

タンザニアのンゴロンゴロ保全地域という東京ドーム17万個分の広大な大地がある。

俺たちはその中をツアージープで走っていた。砂ぼこり舞う荒野を走り抜け、休憩のためジープを止めた瞬間、俺たちはある集団に突如囲まれた。マサイ族である。真っ赤な衣を巻き付け、槍を持ち、ピョンピョンと跳ねている。

思わず身構えたその瞬間、窓越しに細い無数の手が伸びてきた。その手には動物の牙や骨で作ったキーホルダー、アクセサリーなどがぶら下がっている。1つ1ドルだと英語で話すマサイ族。ここでも英語、米ドルが使われていることに驚く。俺たちが何も買わないと言うと、「じゃあ物々交換だ！」と提案。缶コーラ1本とキーホルダー1つ、かぶっていた帽子とペンダント5個と、物々交換させられていく。

そんな中、1人のマサイボーイが俺が右手につけていた腕時計とトラの牙を交換しようと提案してきた。「これはたった1つの時計だから駄目だ！」と拒否。すると「じゃあ、その左手に巻かれているやつは？」とマサイボーイ。それは900円で買った手首に巻く携帯用の虫除け「どこでもベープＮｏ1・未来」だった。「これは虫除けだよ!?」と言うと「それでいい！」話はついた。

どちらが得をしたのかわからない交換。だが俺たちは笑顔だった。「互いの違いを認め合う」などと安っぽい言葉をよく耳にするが、互いの違い過ぎる違いを楽しんで受け入れ合うことが人類の未来に求められている。「どこでもベープＮｏ1・未来」を手首に巻き、再び大地を走り出したマサイボーイの背中に向かって、俺は神の祝福を祈った。

アラビアンドリーム金銭欲に負けた夜

ドバイ

誰もがハプニングに見舞われるときはある。そしてそのときこそ、真の人間性が試される。俺のそれがあらわにされたのは、夜のドバイ空港だった。旅を終え、日本に向かう飛行機に乗り込もうとしたとき、ロビーにアナウンスが流れた。「日本行きの便にご登場のお客様で席をお譲りくださる方がいらっしゃいましたら、至急カウンターまでお越しください。1000米ドルのお礼を差し上げます」と。

俺はカウンターに直行、事情を聞くとどうやらドバイの富豪が急遽《きゅうきょ》ビジネスで日本に行かなくてはならなくなり、この便に乗りたがっているとのこと。席を譲ればその場で1000米ドルをもらえ、8時間後の日本行きの飛行機に乗ればいいと言う。8時間待っているだけで10万円だ！　俺は一瞬で金銭欲に魂を売り渡してしまった。

そして、ここからが一演技だ。俺は引率していた教会の人たちに言った。「すみません、ドバイの方がとても困っているようです。私は特に急いでいませんから、席を譲ることにしました。先に帰国していてください。旅の安全を祈っています」と。一抹の良心の呵責《かしゃく》を覚えながらも、俺は1000米ドルを握りしめ、帰国した。

だがその翌日、俺は国道を運転中に車のドアをガードレールに激しくこすりつけてしまった。慌てて板金屋に修理の見積もりを頼むと、なんと10万円！　ドバイの富豪からもらった同額の10万円は、アラジンのランプのごとく、瞬く間に消え去ったのだった。

旅でのハプニングはつきものだが、それは身近にも潜んでいる。地域や職場や学校、家庭でも……。さあ、今日も真面目に生きよう！

10倍返しのキリストの愛

イスラエル

俺はイスラエルで、キリストが十字架を担いで歩いたと言われるゴルゴタの丘を歩いていた。そこはキリスト教の聖地である。キリストが歩いたその道を歩くだけで感動が込み上げてくる。その道沿いには聖職者専用の衣料店があった。俺は聖地に来た記念に、牧師が肩からかけるストールを買いたいと思い店に入った。すると店員が異様なフレンドリーさで話しかけてきた。「やあ兄弟！　君はどこの教会所属だい？」と聞かれたので、「ルーテル教会です」と答える。すると「俺もだよ兄弟!!」と、その腕を俺の肩に組んでくる。

「ストールがほしい」と告げると「これがお勧めだ！　本当は１２０ドルだけれども、お前は日本の兄弟だから１００ドルでいいよ」と言う。俺は即決し、購入。だがその店を出た後、他の店で同じストールがなんと10ドルで売られているのを発見!!　そう、先の馴れ馴れしい店員は兄弟だの何だのと言って、俺に高額で売りつけたのである。

俺は怒りに燃えた！　ストールを握りしめ、その店に戻って店員を締め上げ、１００ドルを取り戻そうとした。だがその瞬間、ゴルゴタの坂道からキリストの声が聴こえてきた。「俺はこんな嘘と汚れの世界のために来たんだよ。もちろんお前の罪も俺が背負った。それは１００ドルどころの話じゃねえぜ。後ろを振り返るな、嘘や過ちを背負ったまま俺についてこい！」

これが俺が憧れ、ついていくロックンローラーキリストだ。ぼったくられストールは今も俺の肩にかかっている。キリストが俺を10倍赦し、10倍愛してくれている印だ。お前らにもこのキリストの愛、ゴッドブレスを！

宇宙！

重荷を一緒に担ってくれる友こそ

都内の某ネパールカレー屋で友人主催のパーティーに参加していたときのこと、民間宇宙飛行会社の飛行士をしているという男が俺に話しかけてきた。「あなたは牧師さんですか？　あなたは今一番宇宙に近い人です」。かけられたことのない一言に心は大気圏突破。

話を聞くと「来年から民間宇宙旅行が開始されるが、参加者が宇宙で何をしたいか？　それは結婚式なんだ！」と力説する宇宙飛行士。そう、つまり宇宙空間で結婚式を行ってくれる牧師を彼は探していたのだ。きっと何組かのカップルと一緒にスペースシャトルで宇宙に行き、合同結婚式とまではいかなくとも、無重力の中で俺に祝福をしてほしいということだろう。大金のギャラの提示、しかも世界初の宇宙牧師になれる夢、いや欲に駆られ、俺は「宇宙で結婚式を行える牧師は俺だ！　必ず行く！」と即答し約束、名刺を交換し、固い握手をした。

だが同時に一抹の不安を感じた。果たして、無重力の中で人は結婚の誓いを交わせるのだろうか？　結婚は宇宙行きのパスポートでなく、むしろ地獄行きのジェットコースターになってしまうかもしれない。しかし、そもそも夫婦の絆は時に自由を奪うもの、ハンパない重力がかかる。そんな中で、相手を愛することが愛であろう。

俺たちの住む世界には重力がある。そしてその重力の中で苦しみの重荷を背負う。だがその重力があるから俺たちは今日、それでもそれぞれの場に居ることができる。そしてその重荷……その重荷を一緒に背負う〝こころの友〟が必ずお前たちにはいるはずだ。これを読んでくれているお前も間違いなく、俺の〝こころの友〟だ！

Rock'n 牧師の丸ごと一週間！

よく「Rock'n 牧師って普段何しているんですか？」と聞かれる。
俺は普段は歌舞伎町の裏にある教会で牧師として働いている。
旅の終わりに、牧師・関野和寛の、とある一週間を紹介するぜ。

日曜日
Sunday

朝5時に起きて朝食。その後、礼拝のメッセージの最終確認。8時過ぎに教会を開け、午前中はこどもの礼拝、英語の礼拝、一般の礼拝とトリプルヘッダー！　礼拝終了と同時に悩みを持った人々の相談に応じる。その後5分で昼食を食べ、ステファンミニストリー（信徒が信徒をケアするチーム）のスーパービジョン（報告など）を行う。その後役員と相談事をし家に帰ろうかと思うと、また別の人からお悩み相談の電話。すべての働きを終え家に帰ろうと思い、外に出ると、なんとドラッグの売人に教会の前で薬物を勧められる。なんという1日だ……。

月曜日
Monday

牧師の休みの日。午前中に美容院に行き、午後はキックボクシングジムに行き、ひたすら汗を流す。そして整体マッサージを受けに。とにかく自分らしく、自分をケアする日。

火曜日 Tuesday

朝から老人ホームに出向き、入所者と共に礼拝をする。帰ってからは原稿執筆などに時間を費やす。

水曜日 Wednesday

朝から教会員のお悩み相談。悩みを聴くのは大変だが、頼られるのはやはりうれしい。1時間話を聞き、その人の祝福を心から祈る。夕方は某キリスト教系大学の礼拝にメッセージを語りに行く。昨日の老人ホーム礼拝では「皆さん！」と語りかけていたが、今晩は「お前ら！」と若い魂に熱く語りかける。

木曜日 Thursday

午前中から遠方のお墓に去年亡くなった方の納骨式。牧師は入院、危篤、臨終、葬儀とその準備、火葬、そして納骨まで、その人の人生の最後まで寄り添う仕事。納骨式はひとつの節目。納骨を終えて教会に帰ってくるものの、もう力は残っていない。納骨はただの儀式ではなく、そこに集う家族の悲しみに全神経を集中し、そこに神のことばを届ける働きだからだ。

金曜日 Friday

午前中は神学校の図書館に牧会カウンセリングの資料を調べに行く。新たな知識をインプットする時間がないとアウトプットできない。この時間は超大事。そして夕方から牧師ROCKSの練習で音楽スタジオに。バンドサウンドに身をゆだねていると、高校生の時の気持ちに一気に戻る。

この日は俺のライフワークでもある、ステファンミニストリーの講師役。他の教会員含め15人が集ってくれる。「自死の危機にある人のケア」という重いテーマを皆で真剣に学ぶ。2時間半の講義をすればまたしてもエネルギー切れ。すさまじい1週間だった。ステーキ屋に行き赤身肉300gにかぶりつく。もちろんライス抜き。帰って腹筋100回やって、明日の戦いに備える。

土曜日

Saturday

日本福音ルーテル東京教会のご案内

Rock'n 牧師が牧師を務める（2018年6月現在）日本福音ルーテル東京教会では、日曜日に以下の4回の礼拝が行われています。

・こどもたちの礼拝……………………………9:30～10:00
・英語による礼拝……………………………10:00～10:45
・主日礼拝……………………………………11:00～12:00
・夜の礼拝……………………………………19:00～20:00

また結婚式や葬儀、人生相談など、クリスチャンでない方でもRock'n 牧師がさまざまな相談にのっています。以下の連絡先にてアポイントメント（予約）をお取りください。

住所　〒169-0072　東京都新宿区大久保1-14-14
電話　03-3209-5702　　　メール　kaz4asia@hotmail.com

★月刊誌『こころの友』インタビュー記事（2015年4月号）

Rock'n 牧師誕生の秘密

牧師である関野和寛さんはロッカーでもある。酔狂と思われるかもしれない。が、関野さんの中ではどちらも同じ「メッセンジャー」なのだ。中学3年のときにロックの魅力にとりつかれ、高校時代には仲間とバンドを組み、全国でライブハウスツアーも行った。大学時代もロックに打ち込み、将来はプロのロッカーになりたいと思っていた。

　しかし、進路を考え始めた大学3年のときに転機は訪れた。重度の障がいを持つ妹が病気になり、危篤状態に陥ってしまったのだ。ICU（集中治療室）で苦しむ妹の傍らで、何もできずに気持ちが混乱していたときに、危篤の知らせを受けた旧知の牧師が神戸から駆けつけてくれた。

「短い時間でしたが、妹の枕元で癒やされるようにと祈ってく

こころの友

2015 4

この人を訪ねて

壁をぶち壊すイエス・キリストに

関野和寛さん

『こころの友』2015年4月号
（日本キリスト教団出版局刊行）

れたのです。私たち家族もどれほど力づけられたかわかりません。自分も困難や苦しみのある人のもとに飛び込み、寄り添いたい。プロのロッカーは難しいと感じ始めていたし、メッセージを伝えるという意味ではロックも牧師も同じじゃないかって思って」牧師を志すようになった。幸い、妹は持ち直した。

　ロックが伝えるメッセージ、それは自分自身を突き抜けた先にある剝き出しの魂。喜怒哀楽だったり、抑圧からの解放だったり、弱い自分からの脱出だったりする。

　関野さん自身、小さいころから「いい子」だった。「長男だし、妹に障がいがあるから家族に気を遣っていたし、クリスチャンだし、進学校に通っていたし……。そんな枠におさまってしまっている自分の壁をぶち壊したくて、ロックに打ち込んできた部分もあると思います」。

　関野さんのロック熱が再燃したのは一昨年のこと。牧師仲間と組んだバンドは、その名も「牧師ＲＯＣＫＳ」。牧師としての仕事

の傍ら、都内のライブハウスを中心に、若手の僧侶らによる「坊主バンド」と共演・競演するなど、ライブ活動を行っている。
　ライブのたびに呼びかけるのは「禁煙。車椅子の方、高齢者、お子さん大歓迎」。障がいの有無や年齢の壁、そして宗教の違いをもぶち壊せ！　というコンセプトからだ。実際、ライブの聴衆にクリスチャンなど宗教関係者はほとんどいない。毎回車椅子のお客さんもいる。
　そんな牧師ROCKSが伝えるのは、神であるイエス・キリストのメッセージ。「キリストこそ、あらゆる隔ての壁をぶち壊そうとした方です。その結果、十字架に付けられて死ぬという壮絶な人生を遂げたにもかかわらず、究極の愛をもって今なお私たちの中に生き続けている方です」。
　その愛のメッセージが常に語られる教会へもぜひ来てほしいと、関野さんはすべての人をいざなう。「教会は誰が来てもいいところなんです」。

（文責・『こころの友』編集部）

あとがき

Rock'n 牧師の世界一周の旅についてきてくれてありがとう。最後にこの本のタイトル『すべての壁をぶっ壊せ！』と真逆を言うが、人は自分だけの空間と時間を求めている。だからそれを守ってくれる壁がどうしても必要だ。この旅の物語では記しきれなかったが、国境で少年兵にマシンガンを向けられたこともあれば、アジア人だということだけでいきなり突き飛ばされたこともある。そんな旅の日々、全身の警戒センサーを起動し続けるのは本当にしんどい。1日が終わり、宿の一室、壁に囲まれ守られた自分だけの場に戻ったときの安堵感は何にも代えがたい。

一個人でもこうなのだから、これが国家や宗教という大きな単位、イデオロギー集団同士間の緊張となれば、どうしても壁ができてしまう。そしてその壁や国境が力の強い集団主導で生み出されるとき、それは憎しみと分断の壁となっていく。目に見える形では感じないかもしれないが、俺たちの世界では日々、国家、人種、宗教、格差の壁が冷たさを帯びてどんどん高く、厚く拡大している。そして壁の向こうの人々を恐れ、憎む思いも知らぬうちに増大している。

けれども俺は旅の中で知った。壁を壊したときにしか見えない景色があって、その向こうでしか出会えない友がいる。その中で俺は信じたい、壁の内側の自分だけの安心よりも、壁の向こう側で他者と出会える喜びの方が豊かだと。そして俺たちに壊せるのは唯一、自分自身の中の壁だけだ。そして自分の側からしかその壁は壊せない。キレイごとなのは百も承知。でも俺が信じているキリストは天国とこの世界の境と壁をぶっ壊して俺たちの友となった神だ。そのキリストは2000年の時を超えて輝いている。さあ、今日も諦めずに壁をぶっ壊そう。

2018年6月3日

関野　和寛

《初出一覧》

※『こころの友』の掲載記事に加筆・修正・改編をしています。

「壁をぶっ壊して世界一のテーブルへ」（『こころの友』2015 年 4 月号、日本キリスト教団出版局、以下同様）
「ケバブ屋で突然アルバイト」（『こころの友』2016 年 8 月号）
「世界の闇で心を洗え」（『こころの友』2016 年 12 月号）
「あんたといる場所こそが天国だ」（『こころの友』2015 年 5 月号）
「怒らないで僕のマリア」（『こころの友』2016 年 10 月号）
「巨匠レンブラントの『夜警』を守れ」（『こころの友』2017 年 2 月号）
「世界をつなぐ回転寿司」（『こころの友』2017 年 1 月号）
「馬糞クラシック」（『こころの友』2015 年 11 月号）
「生まれ変わってモヒカン牧師に」（『こころの友』2016 年 3 月号）
「ケンカを止めた人生の初雪」（『こころの友』2016 年 1 月号）
「国境なきゴッドブレス」（『こころの友』2016 年 4 月号）
「ワイルドベアーの教え（『こころの友』2015 年 8 月号）
「"激走"ホノルルマラソン　42.195 ㎞」（書き下ろし）
「オージービーフよりオージービーフン！」（書き下ろし）
「"God Bless" is Priceless !」（書き下ろし）
「怒りと涙と沈黙と」（書き下ろし）
「マニラで出会った俺のチャンピオン」（『こころの友』2016 年 11 月号）
「狂犬病ワクチンの祝福」（『こころの友』2016 年 9 月号）
「100 万ドルの夜景と美女」（『こころの友』2015 年 12 月号）
「お前たちは天才だ！」（『こころの友』2015 年 9 月号）
「バンコク激突タクシー」（『こころの友』2015 年 7 月号）
「君はどうしてトライリンガル？」（書き下ろし）
「何も無いけど全て持っている」（『こころの友』2015 年 10 月号）
「頬白三角形美女の微笑み」（『こころの友』2016 年 2 月号）
「ガンジス河でチーズバーガー」（『こころの友』2015 年 6 月号）
「マサイ族 VS. Rock'n 牧師」（『こころの友』2016 年 7 月号）
「アラビアンドリーム　金銭欲に負けた夜」（『こころの友』2016 年 5 月号）
「10 倍返しのキリストの愛」（『こころの友』2016 年 6 月号）
「重荷を一緒に担ってくれる友こそ」（『こころの友』2017 年 3 月号）

「Rock'n 牧師誕生の秘密」（『こころの友』2015 年 4 月号）

《著者》
関野和寛（せきの・かずひろ）
1980年東京生まれ。青山学院大学国際政治学部卒業後、日本ルーテル神学校に学び、牧師に。2006年より日本福音ルーテル東京教会牧師。2013年にルーテル教会の牧師と神学生で構成するロックバンド「牧師ROCKS」を結成。ベース、ヴォーカルを担当するかたわら作詞作曲も手がける。2018年6月香港ルーテル神学校牧会博士課程修了。
2015年4月より日本キリスト教団出版局発行の月刊誌『こころの友』に連載開始。

《写真》
Manabu Yamaguchi（カバー表、p.78）
Sohjiroh Yamagata（カバー裏、p.3、8、36、37、56、57）

すべての壁をぶっ壊せ！ Rock'n牧師の丸ごと世界一周

2018年6月25日　初版発行　

著者　関 野 和 寛
発行　日本キリスト教団出版局
169-0051　東京都新宿区西早稲田2丁目3の18
電話・営業 03（3204）0422　編集 03（3204）0424
http://bp-uccj.jp

印刷・製本　三秀舎

ISBN978-4-8184-1002-2 C0016
Printed in Japan